SEREN

RYFEDDOL

LEENA LANE AC ELENA BABONI

ADDASIAD CYMRAEG GAN EINIR JONES

CYNNWYS

Mae'r stori yma
wedi cael ei gosod
mewn gwlad fechan
dan orthrwm, fwy na
dwy fil o flynyddoedd
yn ôl bellach. Dyma'r
stori am enedigaeth
baban bach Mair.
Mae'n dechrau gyda
neges Gabriel ac yn
dilyn y teulu bach
pan maent yn gorfod
ffoi i'r Aifft, ac oddi
yno adref eto wedi
i Herod farw. Stori
am y Nadolig cyntaf
yw Seren Ryfeddol,
dathliad o eni'r baban
Iesu, Mab Duw,
Brenin y Brenhinoedd
a Thywysog
Tangnefedd.

Fe ddigwyddodd hyn mewn tref yng Ngalilea o'r enw Nasareth. Anfonodd Duw ei angel at ferch ifanc o'r enw Mair. Roedd hi'n mynd i briodi Joseff y saer, ei chariad cyn bo hir. Enw'r angel oedd Gabriel.

'Cyfarchion i ti, Mair!' meddai'r angel. 'Mae Duw wedi dy ddewis di yn arbennig o blith y merched i gyd. Mae Duw gyda ti!'

Roedd Mair wedi synnu gweld angel yno o'i blaen. Roedd hi'n ofnus.

'Paid ag ofni, Mair,' meddai'r angel wrthi wedyn. 'Mae Duw yn hapus iawn gyda ti. Rwyt ti'n mynd i gael bachgen bach. Fe fyddi di'n ei alw'n Iesu. Fe fydd dy fab yn Fab y Duw Goruchaf ei hun. Fydd ei deyrnas byth yn diweddu'.

'Ond…sut gall hyn ddigwydd?' oedd ateb Mair.

'Dydw i ddim wedi priodi eto'.

'Fe fydd yr Ysbryd Glân yn dod atat ti ac fe fydd dy blentyn yn cael ei alw'n fab i Dduw ei hun'. meddai'r angel.

'Does dim byd yn amhosibl i Dduw'.

'Rydw i'n barod i fod o wasanaeth i Dduw,' meddai Mair gan blygu'i phen. 'Rwy'n fodlon i bopeth ddigwydd yn union fel rwyt ti wedi ei ddweud'.

Aeth yr angel adref i'r nefoedd, a dechreuodd Mair ddiolch i Dduw a chanu iddo â'i holl galon.

Roedd Cesar Awgwstws, yr Ymerawdr Rhufeinig pwerus, eisiau cyfrif yr holl bobl oedd yn byw yn ei ymerodraeth. Cafodd pob dyn orchymyn i deithio adref i'r dref lle roedd wedi cael ei eni.

I Joseff, gŵr Mair, golygai hyn gerdded y daith bell i dref Bethlehem. Ond roedd hi'n daith hir iawn i Mair hefyd. Cariai asyn eu pethau a'u poteli dŵr, ond roedd gan Mair ddigon i'w gario ei hun hefyd, achos roedd y hi bron yn amser i'r baban gael ei eni.

Roedd y daith yn hir a llychlyd. Weithiau, byddai Mair yn baglu dros garreg, a doedd ei hanadlu ddim cystal ag arfer chwaith. Helpai Joseff hi ar y daith, ac roedd y ddau yn gorffwys dan gysgod y coed olewydd pan fyddai cyfle i wneud hynny.

'Ydyn ni bron â chyrraedd?' gofynnai Mair yn obeithiol.

O'r diwedd, roedden nhw yn gallu gweld goleuadau Bethlehem yn y pellter. Felly, roedden nhw bron â chyrraedd diwedd y daith.

Curodd Joseff ar ddrws y gwesty cyntaf a gyrhaeddodd pan ddaeth i mewn i Fethlehem.

'Tybed oes gennych chi ystafell i ni am ychydig o nosweithiau?' meddai wrth y perchennog. 'Mae fy ngwraig angen gorffwys. Cyn bo hir fe fydd hi'n cael babi'.

'Mae'n ddrwg gen i', oedd ei ateb. 'Rydyn ni'n llawn'. Caeodd y drws.

Trodd Joseff at Mair. Roedd hi'n edrych yn wyn ac yn flinedig. Roedd rhaid iddo ddod o hyd i rywle lle gallai Mair orwedd.

'Awn ni i chwilio am rywle arall'. meddai Joseff. Curodd ar ddrws gwesty arall i lawr y ffordd. Ond yr un oedd y stori yno hefyd. Roedd y gwesty'n llawn.

'Beth wnawn ni?' meddai Mair.

Ysgydwodd Joseff ei ben. Doedd dim syniad ganddo beth i'w wneud.

Yn sydyn, sylwodd berchennog gwesty arall yn sefyll ar drothwy'r drws.

'Does gen i ddim lle yn y gwesty mae arna i ofn', meddai, 'ond fe alla i weld bod eich gwraig angen gorffwys yn rhywle. Fe allwch chi aros yn y beudy sydd gen i y tu ôl i'r tŷ. Mae'r anifeiliaid i mewn yno, ond mae'r gwair yn lân. Fe ddof â bwyd a rhywbeth i chi i'w yfed.'

'Diolch yn fawr', meddai Joseff. 'Rydych chi'n garedig iawn.'

Aeth gŵr y gwesty â'r ddau i gefn y tŷ. Roedd gwartheg ac asyn yn gorffwys yno ar y gwair. Eisteddodd Mair i lawr a chau ei llygaid mewn blinder. Gwyddai na fyddai ei baban yn hir cyn cael ei eni.

DIM LLE YN Y GWESTY

Tawel oedd y nos ym mhobman. Roedd ychydig o sŵn sboncwyr y gwair y tu allan, a thu mewn roedd y lloi yn anadlu'n drwm ac yn blasu'r gwair. Chwythai'r gwynt ac roedd y drws yn gwneud sŵn isel wrth agor a chau ychydig.

Ceisiodd Mair orffwys tipyn. Nid dyma'r ffordd roedd hi wedi dychmygu y byddai ei baban cyntaf yn cael ei eni. Roedd wedi meddwl y byddai yn ei chartref ei hun, gyda'i mam a'i ffrindiau i'w helpu yno. Hoffai fod yn gorwedd yn ei gwely ei hunan yn Nasareth. Ond yma roedd hi, yn y gwair ym Methlehem, yng nghanol yr anifeiliaid gyda neb ond Joseff i'w helpu. Yna, cofiodd eiriau Gabriel wrthi : 'Paid ag ofni Mair . . .'

Y BABAN YN Y PRESEB

Yn sydyn torrodd swn baban bach yn crio ar dawelwch y nos. Plethodd Mair ei breichiau amdano.

'Ei enw yw Iesu,' meddai Mair gan anadlu'n drwm. Roedd hi wedi blino'n lân, ond yn hapus dros ben.

Edrychodd Joseff ar y baban bach annwyl ym mreichiau Mair.

Gwyddai yntau fod hwn yn faban arbennig iawn.

Yn dyner, lapiodd Mair ei baban newydd mewn cadachau glân a'i ddal yn agos ati. Yna, dododd ef yn y preseb i gysgu.

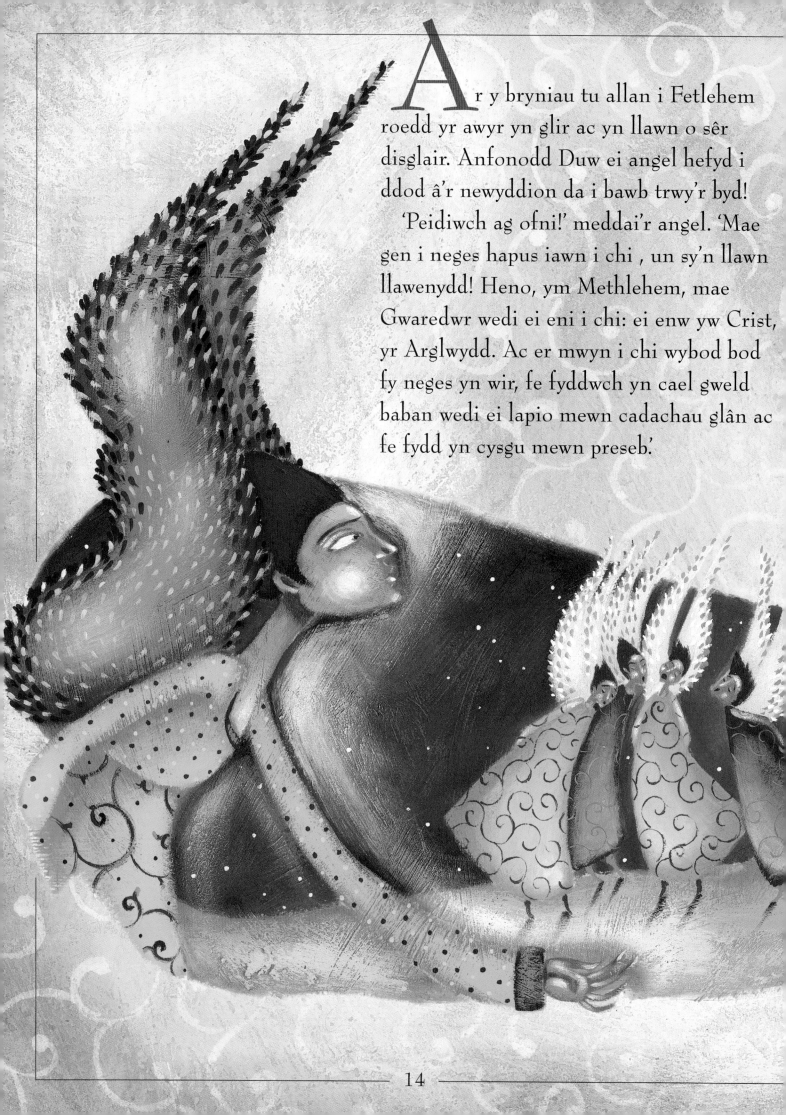

Ar y bryniau tu allan i Fetlehem roedd yr awyr yn glir ac yn llawn o sêr disglair. Anfonodd Duw ei angel hefyd i ddod â'r newyddion da i bawb trwy'r byd!

'Peidiwch ag ofni!' meddai'r angel. 'Mae gen i neges hapus iawn i chi , un sy'n llawn llawenydd! Heno, ym Methlehem, mae Gwaredwr wedi ei eni i chi: ei enw yw Crist, yr Arglwydd. Ac er mwyn i chi wybod bod fy neges yn wir, fe fyddwch yn cael gweld baban wedi ei lapio mewn cadachau glân ac fe fydd yn cysgu mewn preseb.'

Allai'r bugeiliaid ar y bryn ddim dweud 'run gair.
Beth oedd ystyr hyn i gyd?
Angel, yn dod i'w gweld hwy pan oedden nhw gyda'u defaid?
Yn sydyn, roedd côr anferth o angylion yno hefyd, yn canu moliant i
Dduw gyda'u lleisiau hyfryd ac yn dweud:
'Gogoniant yn y goruchaf i Dduw,
    ac ar y ddaear, heddwch.'

NEWYDDION DA O LAWENYDD MAWR

Doedd y bugeiliaid erioed wedi gweld dim byd mor hardd, na chlywed y
fath ganu hyfryd. Roedden nhw wedi clywed cerddoriaeth y nefoedd.

15

Edrychodd y bugeiliaid yn syn ar ei gilydd.

'Welaist ti bopeth ddigwyddodd?' meddai un o'r dynion.

'Rhaid i ni fynd ar frys i Fethlehem i weld drosom ni'n hunain y peth mawr yma sydd wedi digwydd,' meddai bugail ifanc. 'Mae Duw wedi dweud wrthym ni am y peth – a rhaid i ni ei weld â'n llygaid ein hunain!'

Felly gadawodd y bugeiliaid eu defaid yn saff ar y bryn a rhedeg yr holl ffordd i lawr i Fethlehem.

Edrychodd pawb i fyny ac i lawr y strydoedd tawel.

Doedd dim smic i'w glywed.

Yna, yn y pellter fe glywodd y bugeiliaid sŵn baban bach yn crio. Dilynodd y bugeiliaid y sŵn draw i'r beudy tu ôl i'r gwesty. Y peth cyntaf welson nhw ar ôl syllu ar yr anifeiliaid yn gorffwys oedd Mair yn plygu dros y preseb, yn mwytho wyneb ei baban bach.

'Rhaid mai hwn yw'r baban roedd yr angylion yn son amdano,' meddai'r bugeiliaid.

'Hwn yw'r un sydd wedi ei eni i fod yn Waredwr i ni!'

Edrychodd Mair yn syn arnynt yn sefyll yno. Esboniodd y bugail ifanc iddi sut roedd yr angylion wedi dod i ddweud y newyddion da wrthynt

Y BUGEILIAID YN CAEL HYD I'R BABAN

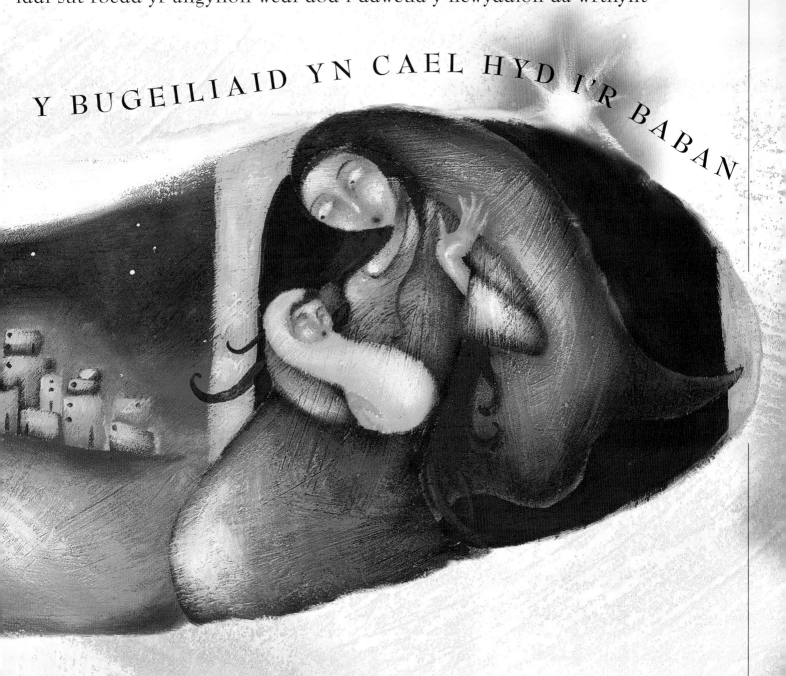

Tra oedd yn siarad, llanwodd llygaid Mair â dagrau. Fe wyddai y byddai'n cadw'r geiriau ddywedai'r bugail wrthi yn ei chalon am byth.

Aeth y bugeiliaid yn ôl at eu praidd gan ganu diolch i Dduw am bopeth roedden nhw wedi ei weld a'i glywed. Roedd y cyfan wedi digwydd yn union fel y dywedodd yr angylion.

YMWELIAD Â'R DEML

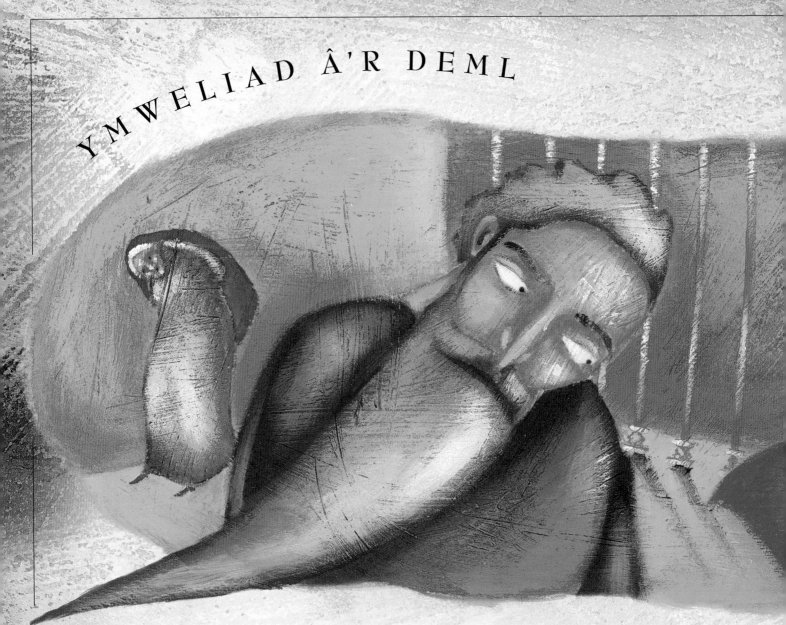

Pan oedd Iesu tua mis oed, aeth Mair a Joseff ag ef i'r Deml yn Jeriwsalem. Roedd yn diwrnod arbennig i'r tri ohonynt.

Yn ôl yr arfer bryd hynny gyda bechgyn bach, roedd Iesu'n mynd i gael ei gyflwyno i Dduw yn y Deml.

Aeth Mair â Joseff a dwy golomen ifanc i'w cyflwyno i Dduw fel aberth. Roedden nhw am ddiolch i Dduw am enedigaeth yr Iesu a gofyn i Dduw ei fendithio.

Yn aros yn y deml, roedd hen ŵr o'r enw Simeon. Trwy gydol ei oes roedd wedi gweddïo ar Dduw ac wedi credu y byddai, rhyw ddydd, yn cael cyfarfod y Gwaredwr.

Gwelodd Simeon y rhieni newydd yn cario Iesu i mewn i'r Deml, ac roedd yn gwybod ar unwaith rhywsut bod hwn yn faban arbennig iawn. Cymerodd Simeon yr Iesu yn ei freichiau a dechrau moli Duw. Meddai Simeon,

'Arglwydd y cyfan, fe alla i adael y bywyd yma yn hapus bellach. Mae fy llygaid i wedi gweld y Gwaredwr sy'n dod â goleuni i holl bobl y ddaear!'

Yr un dydd roedd hen wraig yn y deml. Proffwydes oedd hi o'r enw Anna ac roedd hi'n addoli yno ddydd a nos.

Daeth Anna ymlaen hefyd at Mair a Joseff ac edrych mewn rhyfeddod ar y baban Iesu. Diolchodd i Dduw am y plentyn arbennig yma ym mreichiau ei fam. Fe wyddai Anna mai hwn oedd y baban roedd Duw wedi addo ei anfon i waredu ei bobl.

Roedd dynion doeth yn y Dwyrain yn arfer gwylio cwrs y sêr a'r cytser awyr y nos. Roedden nhw'n gwybod yn iawn pryd a ble roedd pob seren yn arfer ymddangos.

Un noson glir roedden nhw'n syllu ar yr awyr serennog uwchben – sêr disglair, sêr pwl, pell, planedau, sêr cynffon, creigiau'r gofod a'r galaethau pell.

Yn sydyn, meddai un o'r dynion doeth . . .

'Edrychwch ar honna!' a phwyntio at yr awyr yn llawn cyffro.

'Seren newydd yw hono siŵr i chi! Mae'n fwy disglair na'r gweddill i gyd!'

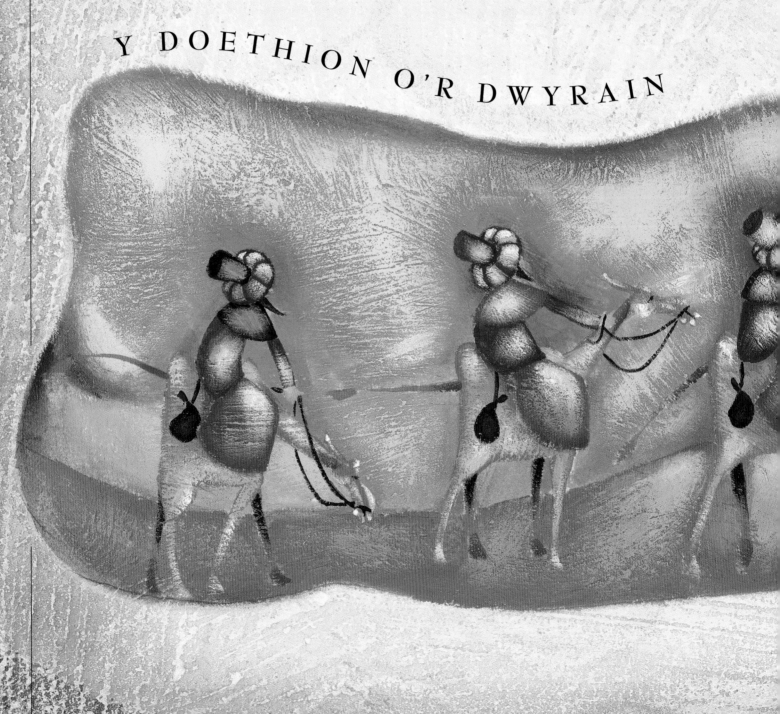

Y DOETHION O'R DWYRAIN

'Rwyt ti'n iawn!' meddai un arall o'r doethion. 'Seren newydd sbon yw hi!'

'Beth yw ei hystyr, tybed?' medden nhw wrth ei gilydd.

'Mae rhywbeth rhyfeddol o fawr wedi digwydd yn y byd!' meddai'r gŵr doeth cyntaf. 'Mae'n arwydd bod brenin newydd wedi cael ei eni, plentyn ddaw i fod yn frenin yr Iddewon!'

'Wel, well i ni fynd i chwilio am y brenin yma, felly!' meddai'r lleill. 'Fe ddilynwn ni ei seren!'

Rhoddodd y doethion eu llwythi ar gefnau'r camelod a chychwyn allan ar draws yr anialwch, eu rhoddion yn ddiogel gyda hwy yn eu paciau.

Arweiniodd y seren hwy am y Gorllewin a chyfeiriad Jiwdea, tuag at ddinas fawr Jeriwsalem.

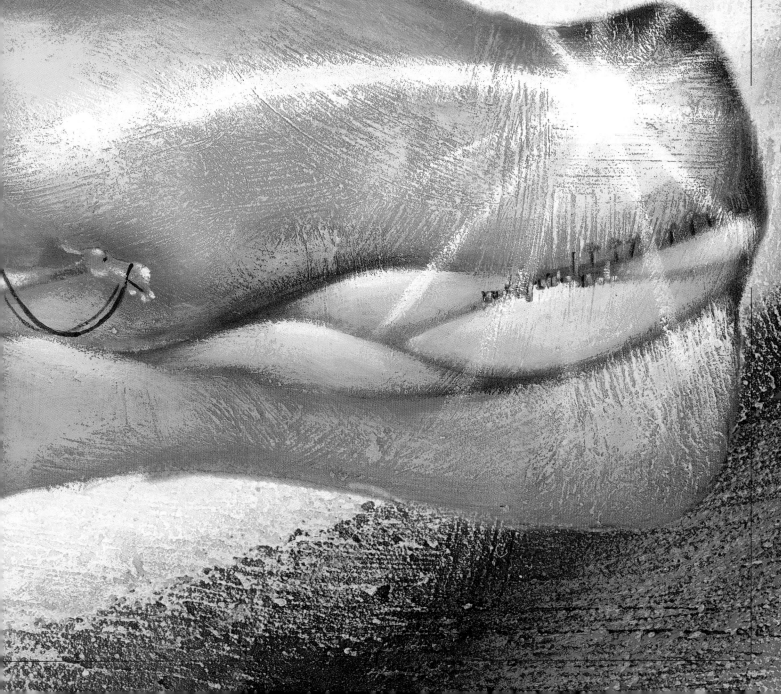

H erod Fawr oedd yn llywodraethu gwlad
Jiwdea. Roedd yn ddyn creulon iawn.
Cyfoeth a grym oedd yr unig bethau pwysig yn ei fywyd.
Petai rhywun yn sefyll yn ei ffordd at y rheini, roedd ar ben arnynt.

Cyrhaeddodd y dynion doeth blas Herod. Wydden nhw ddim ei fod yn
ddyn cas a chreulon. Y Seren oedd wedi eu harwain yno wedi'r cyfan, ac
mewn plas y byddai rhywun yn disgwyl i frenin newydd gael ei eni.

'Ble mae'r brenin newydd?' gofynnodd y doethion. 'Fe welson ni ei seren
yn yr awyr ac rydym ni wedi dod yma i'w addoli!'

Prin y gallai Herod reoli ei dymer ofnadwy. Am beth roedd y dynion
dieithr yma'n siarad?

Doedd dim lle i neb ond un brenin yno! Galwodd ei offeiriaid ac athrawon y gyfraith ato.

'Ble bydd y brenin yn cael ei eni?' oedd cwestiwn Herod.

'Mae'n dweud yn y proffwydi y bydd yn cael ei eni ym Methlehem, eich Mawrhydi,' meddai ei offeiriaid.

Meddyliodd Herod yn galed beth fyddai orau i'w wneud nesaf. Roedd yn rhaid iddo gael gwared â'r brenin newydd yma rhywsut. Dim ond ef, Herod Fawr, allai reoli'r wlad honno! Meddyliodd am gynllun.

'Ewch draw i Fethlehem,' meddai Herod wrth y doethion. 'Pan gewch chi afael ar y plentyn, dewch yn ôl i ddweud wrthyf ble mae e, er mwyn i minnau hefyd fynd i'w addoli.'

Felly, cychwynnodd y doethion ar eu taith eto i gyferiaid Bethlehem.

Arweiniai'r seren y doethion ymlaen.

Yna, arhosodd uwchben tŷ ym Methlehem. Doedd dim golwg o blas o unrhyw fath, dim ond rhyw hen dai bychain gwael yr olwg gyda thoeon gwastad. Roedd ieir yn clochdar yn y stryd, a phlant yn chwarae, a dillad yn sychu yn yr haul. 'Rwy'n siŵr mai dyma'r lle,' meddai un o'r doethion gan bwyntio at y tŷ oedd yno o'u blaenau.

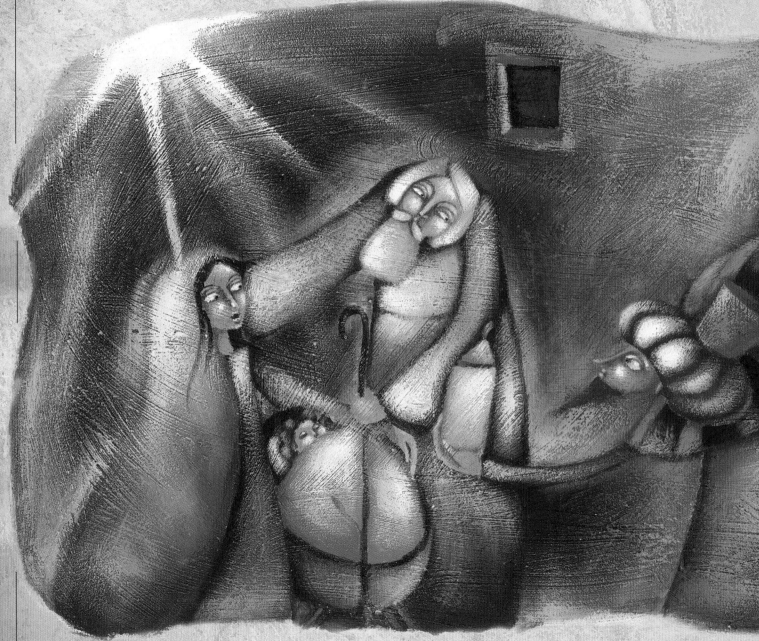

Aeth y tri i mewn yn ddistaw. Yno, gwelsant Mair yn dal baban bach yn ei breichiau.

'Rydyn ni wedi dod i addoli'r brenin newydd!' meddai'r gŵr doeth cyntaf. 'Rydyn ni wedi teithio ymhell.'

Plygodd y doethion i gyd yn isel ac addoli'r Iesu. Agorodd y dynion eu paciau a dod â'r anrhegion hyfryd roedden nhw wedi eu cario yr holl ffordd o'r dwyrain allan i'w rhoi iddo: aur, thus a myrr. Anrhegion brenhinol oedden nhw, anrhegion addas i frenin.

Diolchodd Mair i'r doethion a thrysori eu hanrhegion. Doedd hi ddim yn llawn ddeall yr hyn roedden nhw wedi ei ddweud wrthi, ond roedd hi'n gwybod pam oedden nhw wedi dod.

SEREN RYFEDDOL

Iesu, ei mab bychan, oedd wedi ei eni i fod yn frenin.

Rhybuddiodd Duw y doethion mewn breuddwyd i beidio â mynd yn ôl at y plas i ddweud yr hanes wrth Herod. Cychwynnodd y tri am eu gwledydd yn y dwyrain, yn rhyfeddu at yr hyn roedden nhw wedi ei weld.

Pan oedd y doethion wedi mynd, aeth Mair a Joseff ati i baratoi i gysgu. Ond yn ystod y noson honno, cafodd Joseff hunllef ofnadwy. Galwodd allan ar Mair.

'Beth sy'n bod?' holodd Mair yn gysglyd.

'Rhaid i ni fynd oddi yma ar unwaith! Fe welais i angel yn fy mreuddwyd. Dywedodd wrtha i am fynd â'r plentyn a'i fam a dianc i'r Aifft. Mair, rhaid i ni fynd. A rhaid i ni aros yn ddigon pell i ffwrdd nes bod Duw yn dweud ei bod hi'n ddiogel i ni ddod yn ôl. Mae Herod am gael hyd i'r Iesu a'i ladd!'

Yn sydyn roedd Mair yn ofnus iawn. Ar unwaith cododd a rhoi popeth yn drefnus mewn paciau a chodi'r Iesu yn dawel rhag iddo ddeffro.

'Os yw Duw wedi'n rhybuddio fel hyn, yna rhaid i ni fynd,' meddai. 'Does dim munud i'w golli!'

DIANC I'R AIFFT

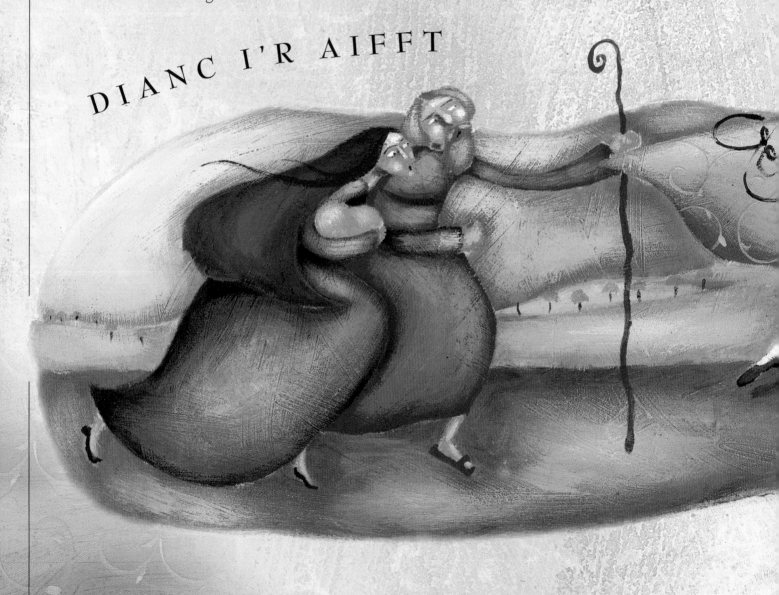

Doedd hi ddim wedi dyddio eto, ond aeth y ddau allan yn dawel i strydoedd tywyll Bethlehem a chychwyn ar hyd y ffordd allan o'r dref. Roedden nhw'n gobeithio nad oedd neb wedi eu gweld.

'Mae'n ffordd bell i'r Aifft, Mair,' meddai Joseff.

'Mi wn i, atebodd Mair, gan ddal y Iesu yn dynn.

'Ond fe fydd Duw yn gofalu amdanom. Fydd Duw ddim yn gadael i unrhyw ddrwg ddigwydd i'w Fab. Mae gan Dduw gynllun ar ei gyfer.'

Y bore wedyn daeth milwyr Herod i chwilio'r holl dai ym Methlehem yn ceisio cael gafael ar yr Iesu. Ond roedden nhw'n rhy hwyr. Roedd angel Duw wedi arwain Joseff, Mair a'r Iesu i ddiogelwch.

Aeth blynyddoedd heibio a bu farw Herod Fawr. Daeth ei fab, Archeleus, yn frenin Jiwdea yn ei le.

Roedd Mair, Joseff a'r Iesu yn dal i fyw yn yr Aifft. Yna, un noson, daeth angel yr Arglwydd at Joseff eto mewn breuddwyd.

'Joseff,' meddai'r angel, 'mae'n ddiogel i ti fynd yn ôl i Israel. Mae'r rhai oedd am geisio lladd Iesu wedi marw erbyn hyn.'

Pan ddeffrodd Joseff, dywedodd wrth Mair beth roedd yr angel wedi ei ddweud wrtho.

'Mae'n amser mynd adref,' meddai Mair wrth ei bachgen bach.

O'r diwedd roedd yr adeg wedi dod i fynd yn ôl i'w gwlad eu hunain lle roedd eu teuluoedd a'u ffrindiau yn byw. Edrychai Mair ymlaen at gael dangos ei mab arbennig i bawb.

Teithiodd y tri am ddyddiau lawer nes cyrraedd Galilea. Dros ael y bryn olaf fe allent weld tref fechan Nasareth. Llamai calon Mair mewn llawenydd. O'r diwedd, gallent gael cartref cysurus gyda'u teulu.

Tyfodd yr Iesu i fyny yn Nasareth, yn fachgen bach cryf ac yn ddoeth. Ac roedd Duw gydag ef.

IESU O NASARETH

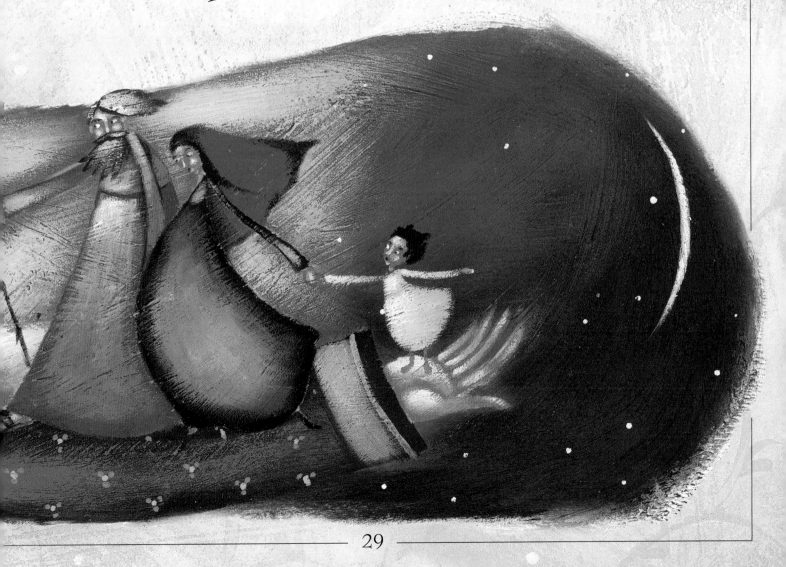

Hawlfraint yr argraffiad Cymraeg
© 2007 Cyhoeddiadau'r Gair
Cyhoeddiadau'r Gair
Aelybryn,
Chwilog, Pwllheli,
Gwynedd LL53 6SH

Testun gwreiddiol © 2007 AD Publishing Ltd, Leena Lane
Darluniau © 2007 Elena Baboni

Testun Cymraeg: Einir Jones
Golygydd Cyffredinol: Aled Davies
Cysodi: Ynyr Roberts

Mae'r storïau hyn i'w cael yn y Beibl:
Yr Angel yn ymddangos i Mair, Luc 1:26–38
Y Daith i Fethlehem, Luc 2:1–5
Dim lle yn y gwesty, Luc 2:6–7
Y Baban yn y preseb, Luc 2:7
Newyddion da o lawenydd mawr, Luc 2:8–14
Y Bugeiliaid yn cael hyd i'r baban, Luc 2:15–20
Ymweliad â'r Deml, Luc 2:21–38
Y Doethion o'r Dwyrain, Mathew 2:1–2
Y Brenin yn ei blas, Mathew 2:3–8
Seren Ryfeddol, Mathew 2:9–12
Dianc i'r Aifft, Mathew 2:13–15
Iesu o Nasareth, Mathew 2:19–23; Luc 2:39–40

Dymuna'r cyhoeddwyr gydnabod cefnogaeth
Cyngor Llyfrau Cymru.

ISBN 1 85994 576 7

Argraffwyd yng Singaporere